Mes premiè
100
SYLLABIQUES
LAROUSSE

La Lune

Auteurs
Hélène Heffner et Giulia Levallois
Professeurs des écoles

Illustratrice
Cécilia Stenmark

Dès 5 ans !
Idéal pour les enfants
qui débutent l'apprentissage
de la lecture.

Direction de la publication : Carine Girac-Marinier
Édition : Nadine Martrès
Lecture-correction : Élisabeth Le Saux
Direction artistique : Uli Meindl
Fabrication : Marlène Delbeken

ISBN : 978-2-03-597509-6

Images de la page 5 : © Adobestock.com

PAPIER À BASE DE FIBRES CERTIFIÉES

LAROUSSE s'engage pour l'environnement en réduisant l'empreinte carbone de ses livres. Celle de cet exemplaire est de : 350 g éq. CO_2
Rendez-vous sur www.larousse-durable.fr

Achevé d'imprimer en Roumanie par Rotolito Romania
Dépôt légal : Juin 2019 – 323619/06
N° de projet : 11049221 – Décembre 2021

Les personnages de l'histoire

Les **Loulous** sont des petits animaux attachants qui accompagnent le jeune lecteur en lui faisant découvrir le plaisir de la lecture autonome !

Conseils aux parents

• Avant la lecture

– Invitez votre enfant à regarder l'illustration de la couverture : il peut la décrire et nommer les personnages qu'il reconnaît.

– Montrez-lui la page ci-contre afin de lui faire découvrir les mots les plus difficiles de l'histoire.

• Pendant la lecture

– Encouragez votre enfant à lire seul le texte à voix haute au début. La lecture orale l'aidera à mieux comprendre ce qu'il lit.

– Conseillez-lui de suivre le texte avec son doigt lors de la lecture.

– N'hésitez pas à le laisser prendre du temps pour regarder les illustrations. Ces dernières soutiennent la compréhension du texte et permettent d'acquérir un sentiment de réussite.

• Après la lecture

– Entamez ensemble une discussion autour du livre sur le lieu, l'histoire, les personnages…

– Et n'oubliez pas, la lecture doit avant tout rester un plaisir !

Les mots de l'histoire

• Le vocabulaire

une **revue**

piloter

déraper

affolé

un **lasso**

une **météorite**

• Les mots outils

alors	avec	c'est	derrière	est
et	il y a	il n'y a pas	un	une

Tomi lit une revue

sur la Lune.

Il adore la Lune.

Le Soleil A-Z
MARS
La Lune

Tomi est ravi,

il va partir sur

la Lune avec Nina.

C'est le rêve

de Tomi !

Nina a hâte de

partir sur la Lune.

Tomi arrive.

Tomi ! Vite !
TOMI

C'est le départ !

Nina pilote vite.

Tomi est assis

derrière Nina.

Salut les amis !

Il y a une forte lumière : la Lune est là !

Tomi est épaté par Nina, la pilote.

Nina et Tomi arrivent

sur la Lune.

Tomi sort, il se balade

et il filme.

« Sur la Lune, il n'y a

pas de nature »

dit Tomi.

Nina a apporté

sa petite balle dorée.

Oh ! La balle vole

sur sa tête !

Tomi rit.

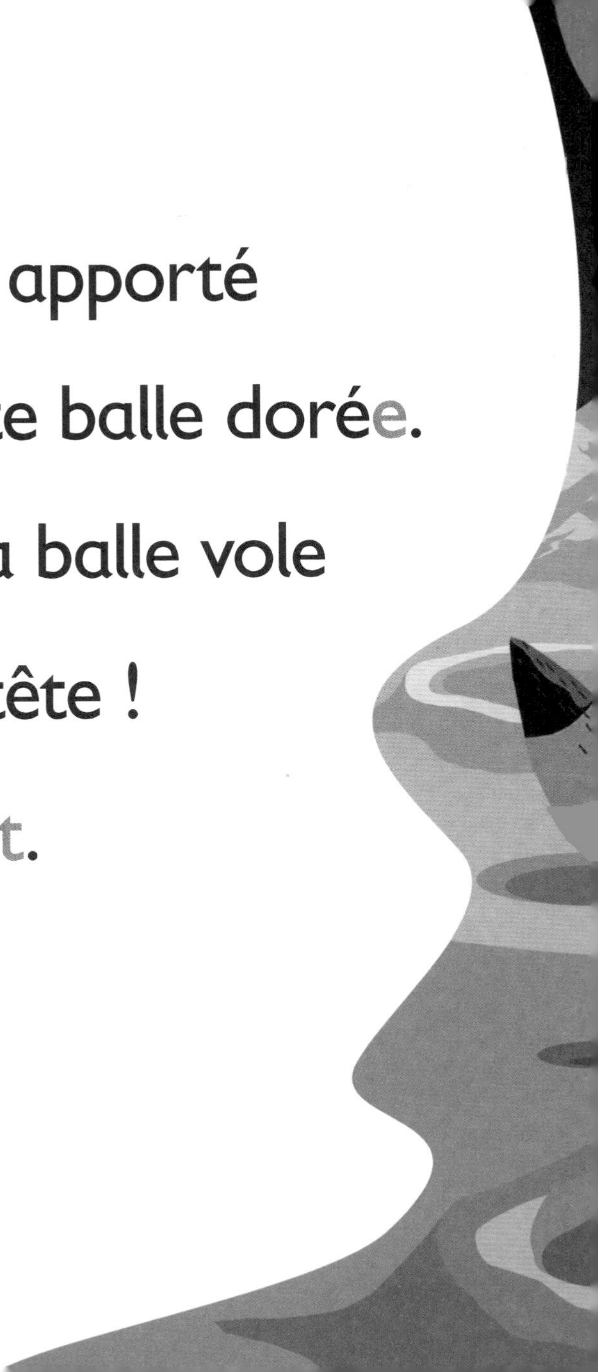

Tomi a vu
la balle dorée.
Zut ! Il rate
la balle de Nina.
Il dérape !
Bim ! Bam !

Nina est affolée.

Tomi a disparu.

Tomi !
Tomi !

Alors Tomi sort

sa petite radio

et dit :

« Nina !

Tu es là ? »

Nina dit : « Allô !

Tomi ? »

Nina répète : « Allô !

Tomi ? »

Nina,
apporte le lasso !

Nina donne le lasso

à Tomi.

Nina le hisse.

Tomi est revenu !

Tomi et Nina

rient.

Tomi dit : « Oh !

Il y a une météorite !

C'est rare ! »

La météorite passe

vite.

Nina dit : « Là-bas,

il y a nos amis,

les Loulous... »

Tomi et Nina repartent

et saluent la Lune.

Tomi dit : « Adieu,

madame la Lune ! »